AF216334

Impressum
Verlag: BABADADA GmbH, Nedderfeld 112 , 22529 Hamburg
Geschäftsführer / Verlagsleitung: Harald Hof
Druck: Books on Demand GmbH, In de Tarpen 42, 22848 Norderstedt

Imprint
Publisher: BABADADA GmbH, Nedderfeld 112 , 22529 Hamburg, Germany
Managing Director / Publishing direction: Harald Hof
Print: Books on Demand GmbH, In de Tarpen 42, 22848 Norderstedt

# школа

## 學校

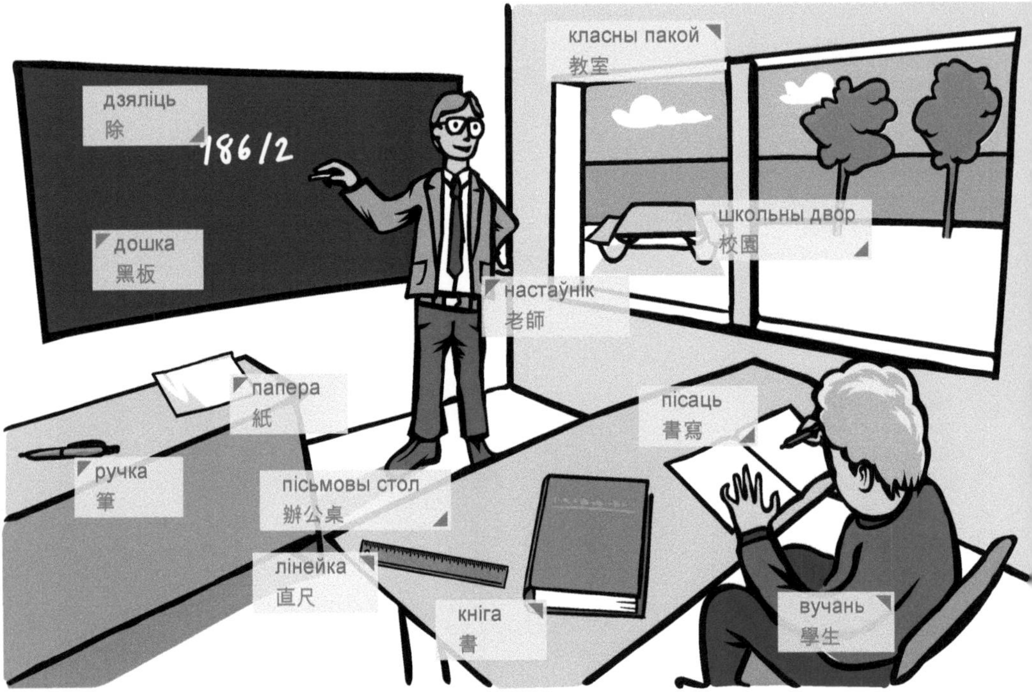

класны пакой
教室
дзяліць
除
186/2
дошка
黑板
школьны двор
校園
настаўнік
老師
папера
紙
пісаць
書寫
ручка
筆
пісьмовы стол
辦公桌
лінейка
直尺
кніга
書
вучань
學生


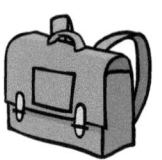

ранец

書包

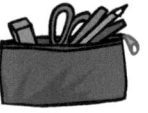

пенал

鉛筆盒

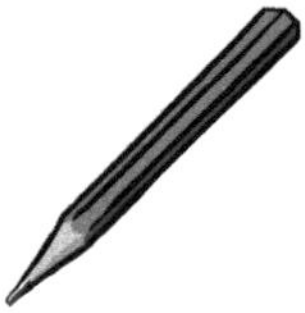

просты аловак

鉛筆

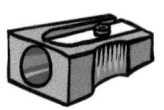

тачылка для алоўкаў

削鉛筆機

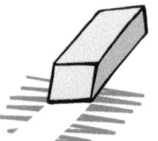

гумка

橡皮擦

альбом для малявання

畫板

малюнак
圖畫

пэндзлік
畫筆

фарбы
顏料盒

нажніцы
剪刀

клей
膠水

сшытак
練習冊

хатняе заданне
家庭作業

**12**

лік
數字

**2+2**

дадаваць
加

**5-2**

адымаць
減

**2×2**

множыць
乘

лічыць
計算

**A**

літара
字母

ABCDEFG HIJKLMN OPQRSTU VWXYZ

алфавіт
字母表

**hello**

слова
字

тэкст

課文

чытаць

讀

крэйда

粉筆

ўрок

上課

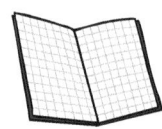

класны журнал

登記

экзамен

考試

атэстат

證書

школьная форма

校服

адукацыя

教育

энцыклапедыя

百科全書

універсітэт

大學

мікраскоп

顯微鏡

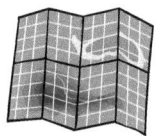

карта

地圖

смеццевы кошык

廢紙簍

# падарожжа

## 旅行

Grand
гатэль
飯店
хостэл
青年旅社
ROOMS
CHANGE
абменны пункт
外幣兌換處
чамадан
手提箱
аўтамабіль
汽車


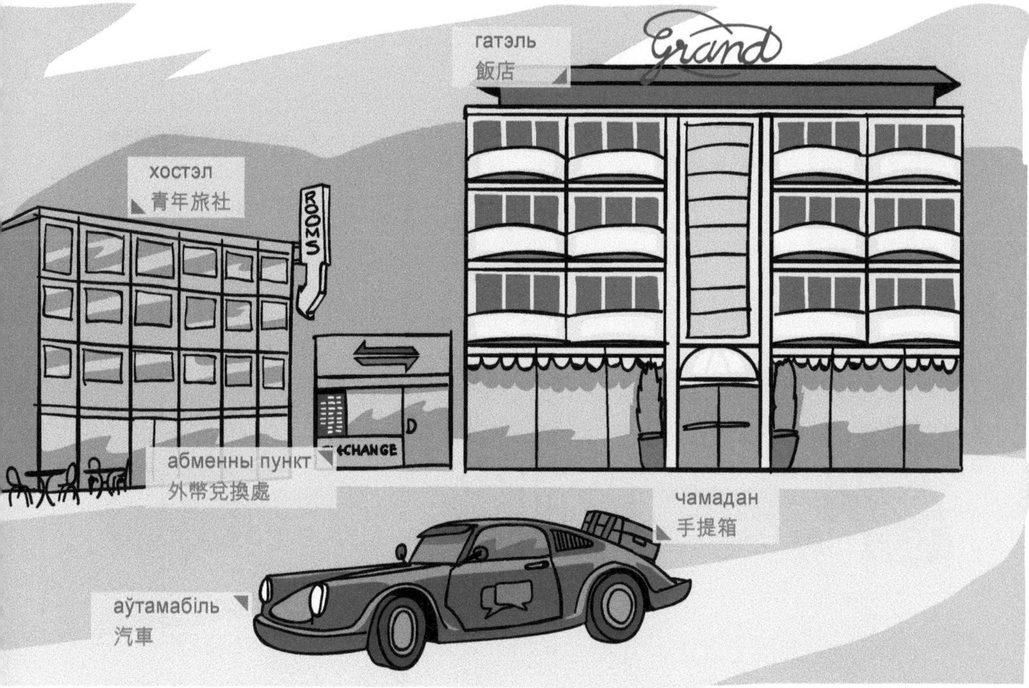

мова

語言

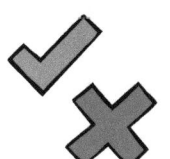

так / не

是/否

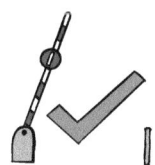

добра

好的

прывітанне!

您好

перакладчык

翻譯人員

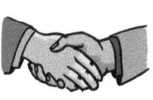

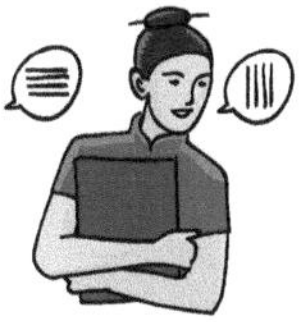

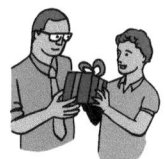

дзякуй

謝謝

Колькі каштуе....?

......多少錢？

я не разумею

我不明白

праблема

問題

Добры вечар!

晚上好！

Добрай раніцы!

早上好！

Дабранач!

晚安！

да пабачэння

再見

кірунак

方向

багаж

行李

сумка

包

заплечнік

背包

госць

客人

пакой

房間

спальны мяшок

睡袋

палатка

帳篷

інфармацыя для турыстаў

旅行資訊

пляж

海灘

крэдытная картка

信用卡

снеданне

早餐

абед

午餐

вячэра

晚餐

праязны білет

票

ліфт

電梯

паштовая марка

郵票

мяжа

邊界

мытня

海關

пасольства

大使館

віза

簽證

пашпарт

護照

# транспарт

## 交通運送

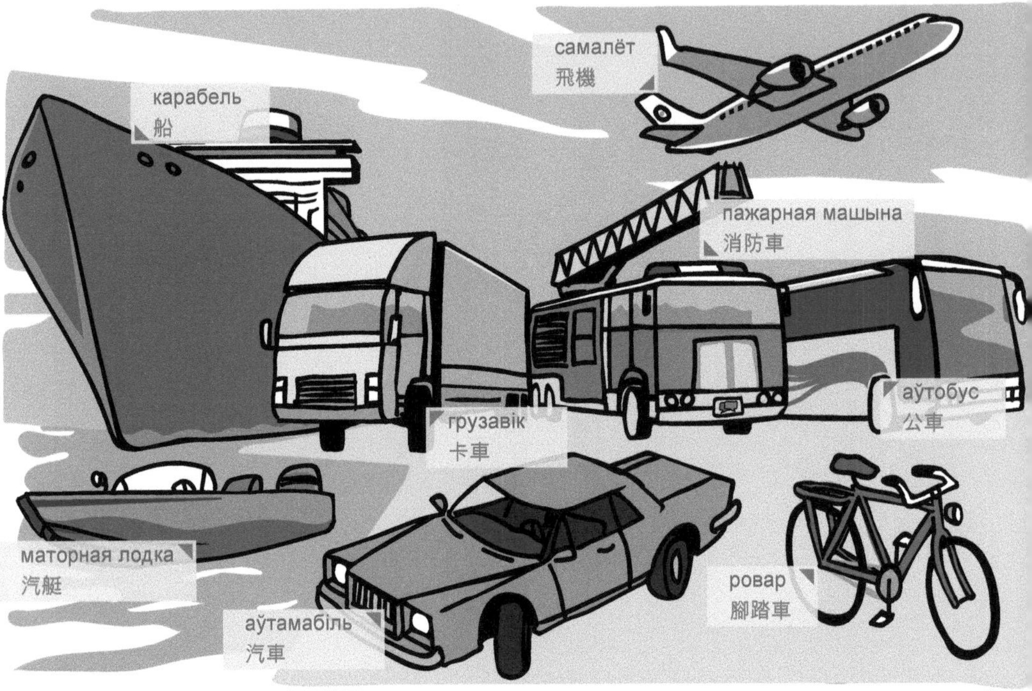

самалёт
飛機
карабель
船
пажарная машына
消防車
аўтобус
公車
грузавік
卡車
маторная лодка
汽艇
ровар
腳踏車
аўтамабіль
汽車


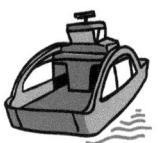

парам

渡輪

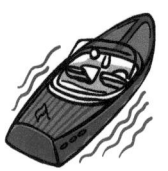

лодка

小船

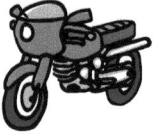

матацыкл

機車

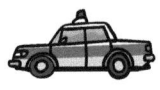

паліцэйская машына

警車

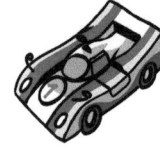

гоначны аўтамабіль

賽車

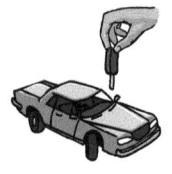

арэндаваны аўтамабіль

租車

сумеснае карыстанне
аўтамабілем

拼車

эвакуатар

拖車

смеццявоз

垃圾車

матор

馬達

паліва

汽油

запраўка

加油站

дарожны знак

交通標識

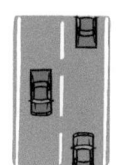

дарожны рух

交通

затор

交通堵塞

паркоўка

停車場

чыгуначная станцыя

火車站

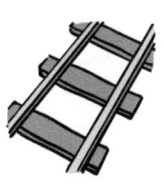

рэйкі

軌道

цягнік

火車

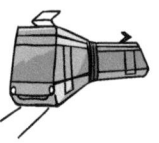

трамвай

路面電車

вагон

客車廂

верталёт

直升機

аэрапорт

機場

вежа

塔

пасажыр

乘客

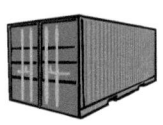

кантэйнер

集裝箱

кардонная скрыня

紙板箱

тачка

手推車

карзіна

籃子

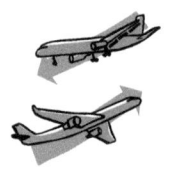

ўзлятаць / прызямляцца

起飛/降落

# горад
# 城市

вёска

村莊

цэнтр горада

市中心

дом

房子

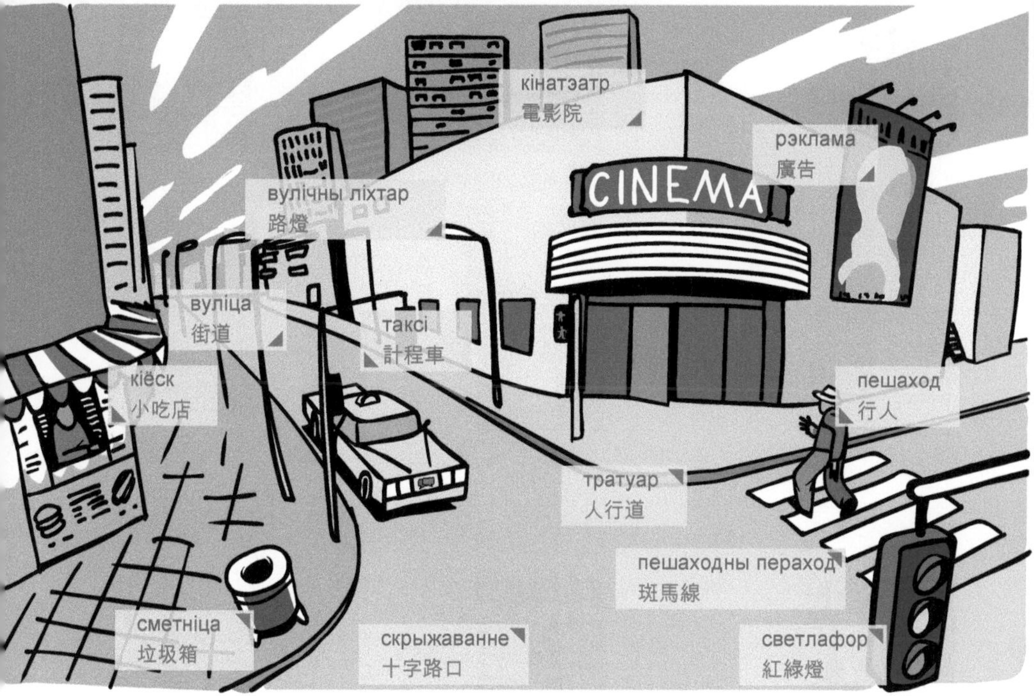
кінатэатр
電影院
CINEMA
рэклама
廣告
вулічны ліхтар
路燈
вуліца
街道
таксі
計程車
кіёск
小吃店
пешаход
行人
тратуар
人行道
пешаходны пераход
斑馬線
сметніца
垃圾箱
скрыжаванне
十字路口
светлафор
紅綠燈

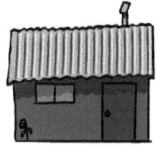

халупа

小屋

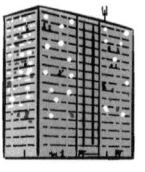

кватэра

公寓

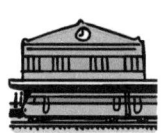

чыгуначная станцыя

火車站

ратуша

市政廳

MUSEUM

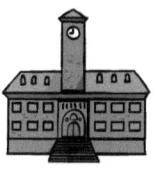

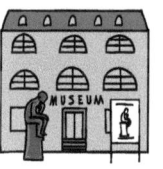

музей

博物館

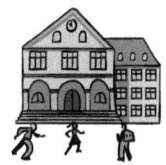

школа

學校

універсітэт

大學

банк

銀行

шпіталь

醫院

гатэль

飯店

аптэка

藥房

офіс

辦公室

кнігарня

書店

крама

商店

кветкавая крама

花店

супермаркет

超市

кірмаш

市場

універмаг

百貨商店

рыбная крама

魚店

гандлевы цэнтр

購物中心

порт

海港

парк

公園

лава

長凳

мост

橋

лесвіца

樓梯

метро

捷運

тунэль

隧道

прыпынак

公車站

бар

酒吧

рэстаран

餐館

паштовая скрыня

郵筒

вулічны паказальнік

路標

паркамат

停車計時器

заапарк

動物園

басейн

游泳池

мячэць

清真寺

горад - 城市

сядзіба

農場

забруджванне
навакольнага асяроддзя

污染

могілкі

墓地

царква

教堂

пляцоўка для гульні

操場

храм

寺廟

## краявід
## 地形

ліст
樹葉

паказальнік
指示牌

дарога
路

луг
草地

камень
石頭

дрэва
樹

падарожнік
徒步旅行者

рака
河

трава
草

кветка
花

даліна

峽谷

гара

丘陵

возера

湖

лес

森林

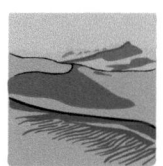

пустыня

沙漠

вулкан

火山

замак

城堡

вясёлка

彩虹

грыб

蘑菇

пальма

棕櫚樹

камар

蚊子

муха

蒼蠅

мурашка

螞蟻

пчала

蜜蜂

павук

蜘蛛

жук

甲蟲

жаба

青蛙

вавёрка

松鼠

вожык

刺蝟

заяц

野兔

сава

貓頭鷹

птушка

鳥

лебедзь

天鵝

дзік

野豬

алень

鹿

лось

麋鹿

плаціна

水壩

вятрак

風力發電機

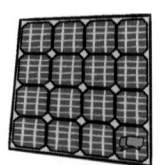

сонечная батарэя

太陽能電池板

клімат

氣候

афіцыянт
服務生

меню
菜譜

крэсла
椅子

суп
湯

піца
披薩餅

абрус
桌布

сталовыя прыборы
餐具

**закуска**

前菜

**другая страва**

主菜

**дэсерт**

甜點

**напоі**

飲料

**ежа**

食物

**бутэлька**

瓶子

хуткае харчаванне (фаст-
фуд)

速食

стрыт-фуд

街邊小吃

імбрык (чайнік)

茶壺

цукарніца

糖盒

порцыя

一份飯菜

эспрэса-машына

義式咖啡機

дзіцячае крэселка

高腳椅

рахунак

帳單

паднос

托盤

нож

刀

відэлец

餐叉

лыжка

勺子

чайная лыжка

茶匙

сурвэтка

餐巾

шклянка

玻璃杯

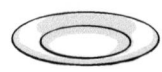

талерка

碟子

супавая талерка

湯盤

сподак

碟子

соус

醬

сальніца

鹽瓶

млынок для перцу

胡椒研磨罐

воцат

醋

алей

食用油

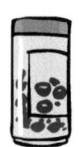

спецыі

調味料

кетчуп

番茄醬

гарчыца

芥末

маянэз

美乃滋

# супермаркет
## 超市

акцыя
特價
пакупнік
顧客
малочныя прадукты
乳製品
садавіна
水果
вазок
購物車
FOR

BUTCHERS

мясная крама

肉鋪

BAKERY

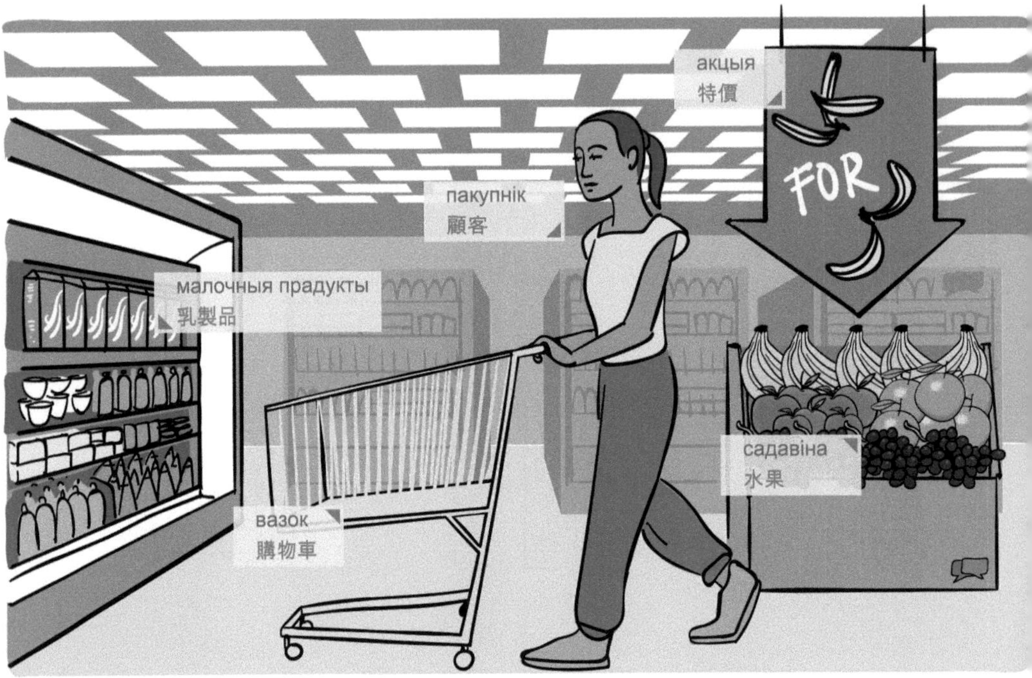

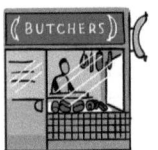

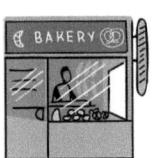

хлебны магазін

麵包店

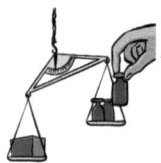

важыць

稱重

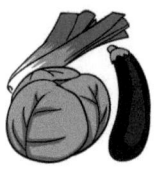

гародніна

蔬菜

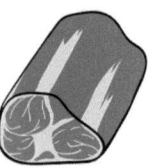

мяса

肉

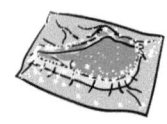

свежазамарожаныя прадукты

冷凍食品

нарэзка

冷盤

кансервы

罐頭食品

пральны парашок

洗衣粉

прысмакі

甜食

хатнія прылады

日用品

чысцячы сродак

清潔用品

прадавец

銷售員

каса

收銀機

касір

收銀員

спіс пакупак

購物清單

гадзіны працы

開放時間

бумажнік

錢包

крэдытная картка

信用卡

сумка

袋子

пакет

塑膠袋

вада

水

сок

果汁

малако

牛奶

кола

可樂

віно

紅酒

піва

啤酒

алкаголь

酒

какава

可可

гарбата (чай)

茶

кава

咖啡

эспрэса

義式濃縮咖啡

капучына

卡布奇諾

банан

香蕉

яблык

蘋果

апельсін

柳丁

дыня

西瓜

лімон

檸檬

морква

胡蘿蔔

часнок

大蒜

бамбук

竹子

цыбуля

洋蔥

грыб

蘑菇

арэхі

堅果

локшына

麵條

спагеці

義大利麵

рыс

米飯

салата

沙拉

бульба фры

薯條

смажаная бульба

炸馬鈴薯

піца

披薩餅

гамбургер

漢堡

бутэрброд

三明治

шніцаль

炸豬排

вяндліна

火腿

салямі

義大利臘腸

каўбаса

香腸

курыца

雞肉

смажаніна

烤肉

рыбак

魚

аўсяныя камякі

燕麥片

мюслі

木斯里

кукурузныя шматкі

玉米片

мука

麵粉

круасан

牛角麵包

булачка

麵包捲

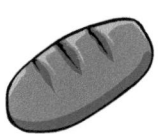

хлеб

麵包

тост

吐司

пячэнне

餅乾

масла

奶油

тварог

凝乳

пірог

蛋糕

яйка

蛋

яечня

煎蛋

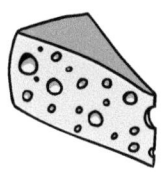

сыр

起司

марожанае

冰淇淋

цукар

糖

мёд

蜂蜜

варэнне

果醬

нуга

巧克力醬

кары

咖哩

# сядзіба
# 農場

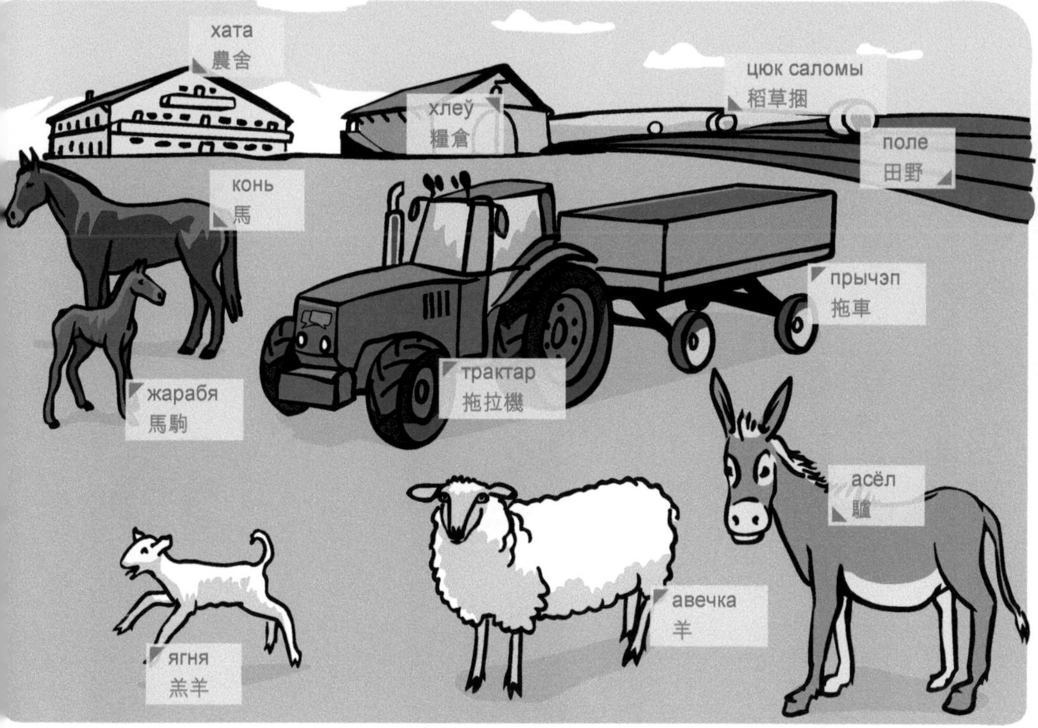
хата
農舍
хлеў
糧倉
цюк саломы
稻草捆
поле
田野
конь
馬
прычэп
拖車
трактар
拖拉機
жарабя
馬駒
асёл
驢
авечка
羊
ягня
羔羊

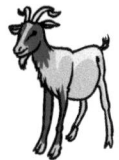

каза
山羊

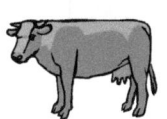

карова
奶牛

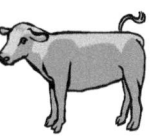

цяля
小牛

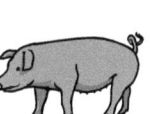

свіння
豬

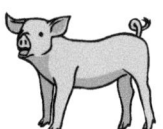

парася
小豬

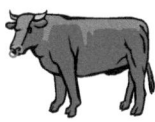

бык
公牛

гусак

鵝

качка

鴨

кураня

小雞

курыца

母雞

певень

公雞

пацук

鼠

кот

貓

мыш

老鼠

вол

牛

сабака

狗

сабачая будка

狗屋

садовы шланг

花園澆水軟管

палівачка

澆水壺

каса

長柄大鐮刀

плуг

犁

серп

鐮刀

матыка

鋤頭

вілы для гною

長柄草耙

сякера

斧頭

тачка

獨輪手推車

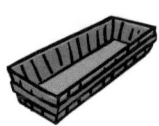

карыта

飼料槽

бітон для малака

牛奶罐

мех

麻布袋

плот

柵欄

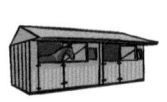

хлеў

馬廄

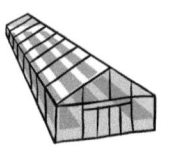

цяпліца

溫室

глеба

土壤

насенне

種子

угнаенне

肥料

камбайн

聯合收割機

збіраць ураджай

收割

ураджай

收割

ямс

地瓜

пшаніца

小麥

соя

大豆

бульба

土豆

кукуруза

玉米

рапс

油菜籽

садовае дрэва

果樹

маніёк

樹薯

збожжа

穀物

# дом
# 房子

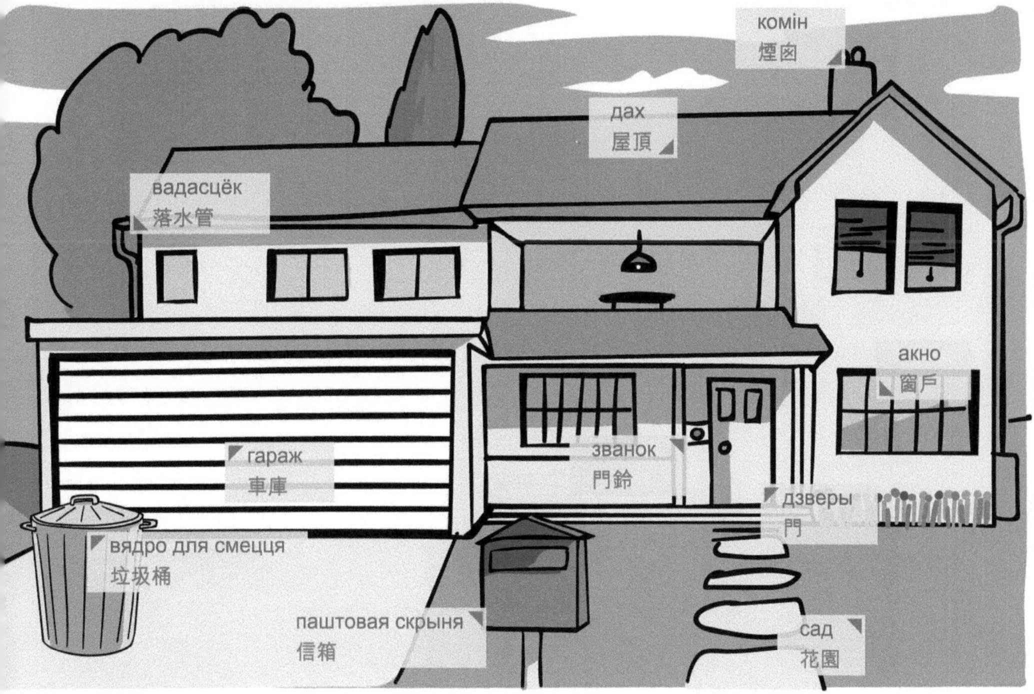
комін
煙囪
дах
屋頂
вадасцёк
落水管
акно
窗戶
гараж
車庫
званок
門鈴
дзверы
門
вядро для смецця
垃圾桶
паштовая скрыня
信箱
сад
花園

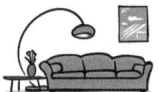

жылы пакой

客廳

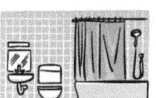

ванная

浴室

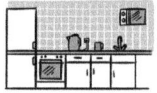

кухня

廚房

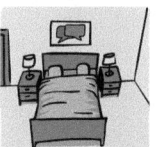

спальны пакой

臥室

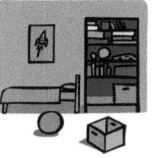

дзіцячы пакой

兒童房

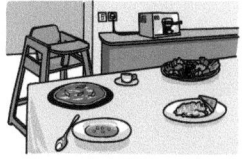

сталоўка

餐廳

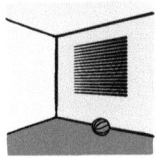

падлога

地板

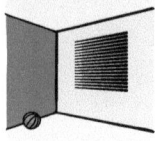

сцяна

牆壁

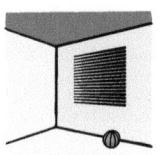

столь

天花板

падвал

地窖

саўна

三溫暖

балкон

陽臺

тэраса

露臺

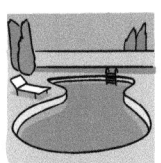

басейн

游泳池

касілка

割草機

падкоўдранік

被單

коўдра

床罩

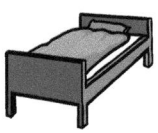

ложак

床

венік

掃帚

вядро

水桶

выключальнік

開關

# жылы пакой

## 客廳

шпалеры
壁紙
малюнак
相片
лямпа
檯燈
паліца
擱架
шафа
櫥櫃
тэлевізар
電視
камін
壁爐
кветка
花
падушка
墊子
канапа
沙發
ваза
花瓶
пульт
遙控器

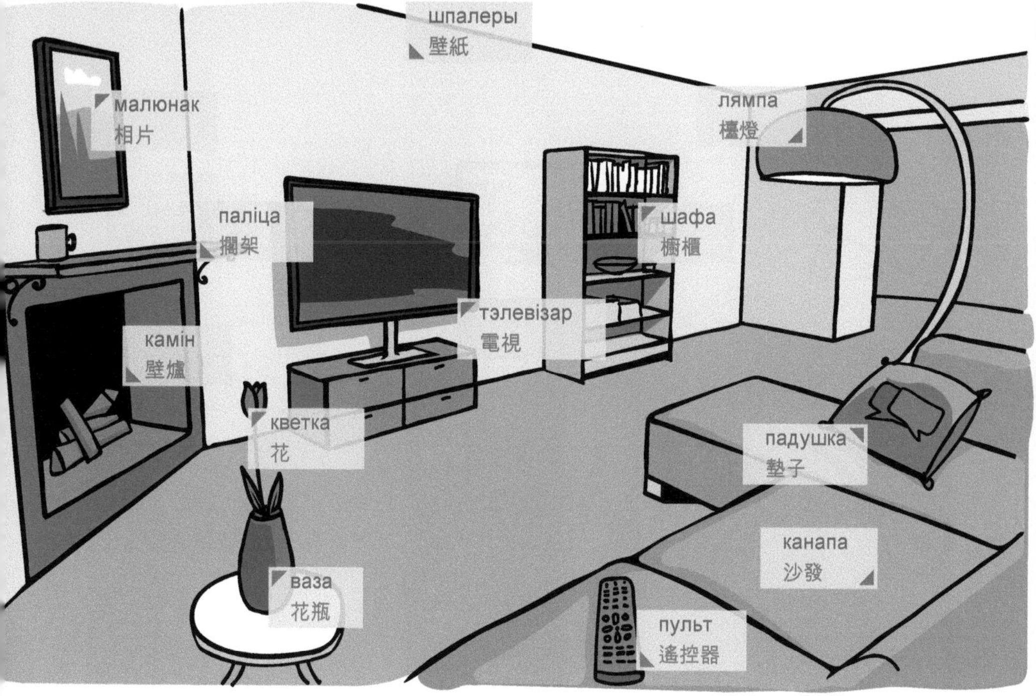

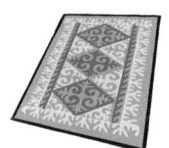

дыван

地毯

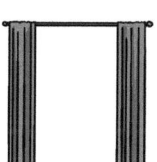

фіранка

窗簾

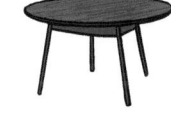

стол

餐桌

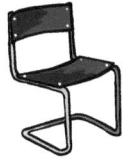

крэсла

椅子

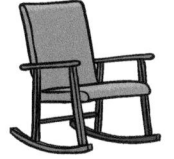

крэсла-качалка

搖椅

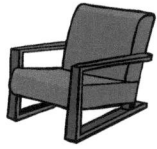

крэсла

扶手椅

кніга

書

коўдра

毯子

дэкарацыя

裝飾品

дровы

木柴

кіно

電影

стэрэасістэма

高傳真音響

ключ

鑰匙

газета

報紙

карціна

油畫

постар

海報

радыё

收音機

нататнік

筆記本

пыласос

吸塵器

кактус

仙人掌

свечка

蠟燭

# кухня
## 廚房

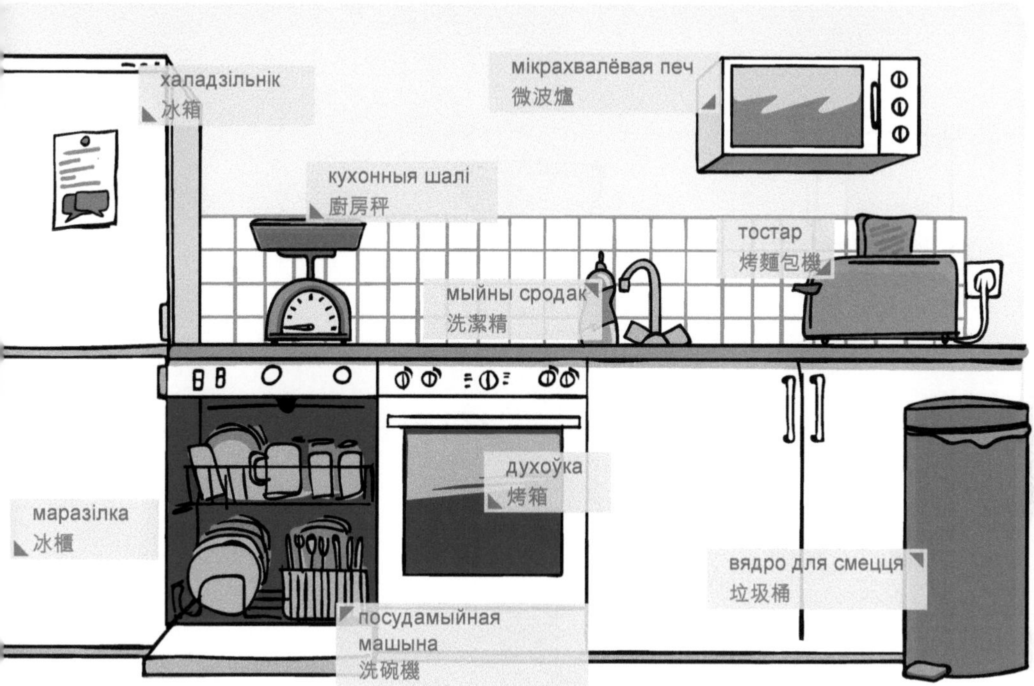
халадзільнік
冰箱
мікрахвалёвая печ
微波爐
кухонныя шалі
廚房秤
тостар
烤麵包機
мыйны сродак
洗潔精
духоўка
烤箱
маразілка
冰櫃
вядро для смецця
垃圾桶
посудамыйная машына
洗碗機

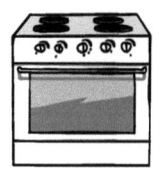

пліта

炊具

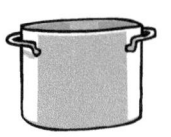

рондаль

鍋

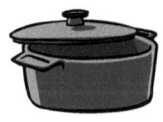

чыгунок

鑄鐵鍋

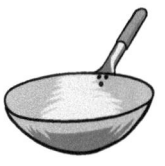

Вок / кадаі

炒鍋

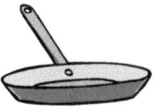

патэльня

平底鍋

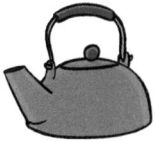

чайнік

水壺

параварка

蒸鍋

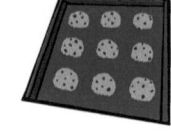

бляха

烤盤

посуд

陶瓷鍋

кубак

馬克杯

міска

碗

палачкі для ежы

筷子

чарпак

長柄勺

лапатачка

鏟子

збівалка

攪拌器

сіта для варэння

濾網

сіта

篩子

тарка

磨碎機

ступка

研缽

грыль

燒烤

вогнішча

明火

дошка

菜板

качалка

擀麵杖

штопар

開瓶器

бляшанка

罐子

адкрывалка

開罐器

прыхваткі

隔熱手套

ракавіна

水槽

шчотка

刷子

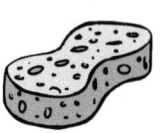

губка

海綿

міксер

攪拌機

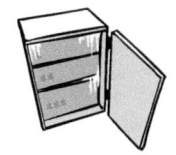

маразільная камера

冷藏箱

бутэлечка

奶瓶

вадаправодны кран

水龍頭

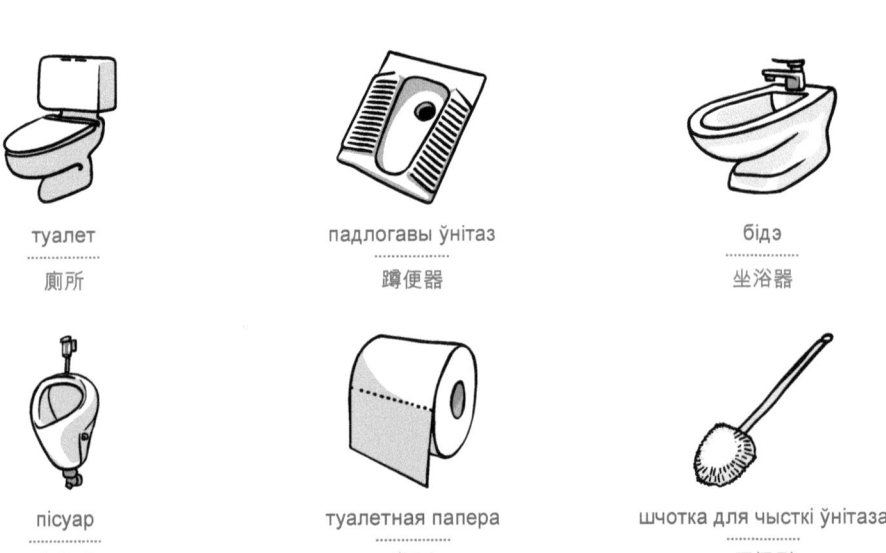

# ванная
## 浴室

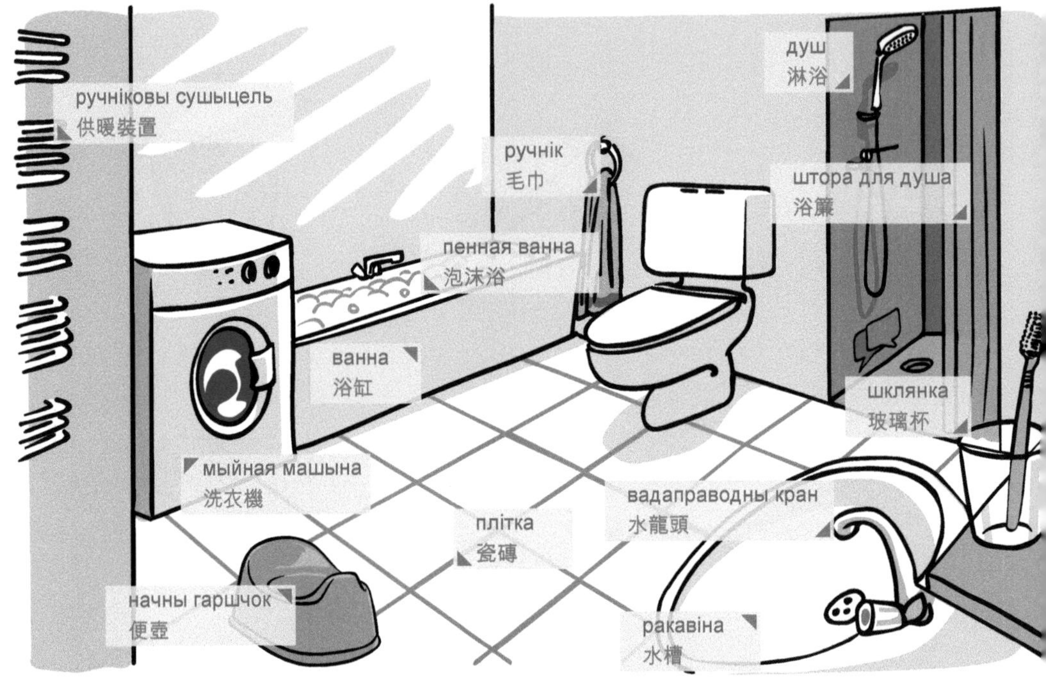

душ
淋浴
ручніковы сушыцель
供暖裝置
ручнік
毛巾
штора для душа
浴簾
пенная ванна
泡沫浴
ванна
浴缸
шклянка
玻璃杯
мыйная машына
洗衣機
вадаправодны кран
水龍頭
плітка
瓷磚
начны гаршчок
便壺
ракавіна
水槽


туалет

廁所

падлогавы ўнітаз

蹲便器

бідэ

坐浴器

пісуар

小便斗

туалетная папера

廁紙

шчотка для чысткі ўнітаза

馬桶刷

зубная шчотка

牙刷

зубная паста

牙膏

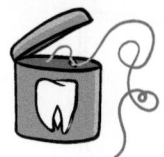

зубная нітка

牙線

мыць

洗

ручны душ

手持式蓮蓬頭

інтымны душ

沖洗器

умывальнік

洗臉盆

шчотка для спіны

洗背刷

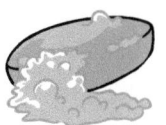

мыла

肥皂

гель для душа

沐浴露

шампунь

洗髮乳

вяхотка

法蘭絨

вадасцёк

排水

крэм

乳霜

дэзадарант

除臭劑

люстэрка

鏡子

касметычнае люстэрка

手鏡

станок для галення

刮鬍刀

пена для галення

刮鬍泡沫

ласьён пасля галення

鬚後水

грэбень

梳子

шчотка

刷子

фен

吹風機

лак для валасоў

噴髮定型劑

касметыка

化妝品

памада

唇膏

лак для пазногцяў

指甲油

вата

化妝棉

манікюрныя нажніцы

指甲剪

духі

香水

касметычка

洗漱包

табурэтка

凳子

вагі

計重秤

лазневы халат

浴袍

санітарныя пальчаткі

橡膠手套

тампон

衛生棉條

гігіенічныя пракладкі

衛生棉

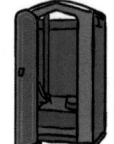

біятуалет

化學廁所

# дзіцячы пакой

## 兒童房

будзільнік
鬧鐘
мяккая цацка
毛絨玩具
цацачная машынка
玩具車
бразготка
撥浪鼓
лялечны домік
玩具屋
падарунак
禮物

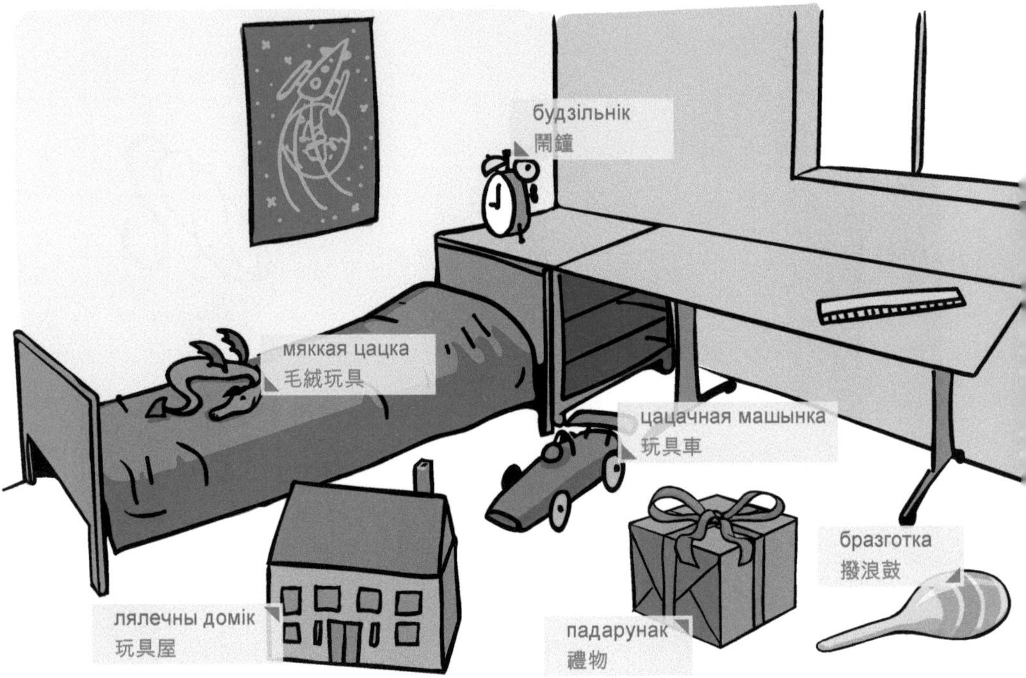

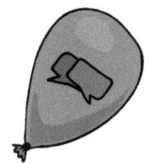

надзіманы шарык

氣球

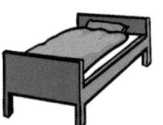

ложак

床

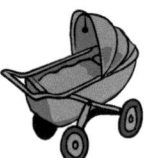

дзіцячая каляска

嬰兒車

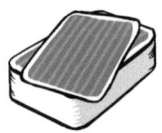

калода картаў

撲克牌

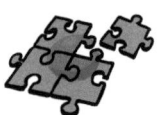

пазл

拼圖

комікс

漫畫

канструктар "Лега"

樂高積木

канструктар

積木玩具

экшэн-фігурка

公仔

дзіцячы гарнітур

嬰兒服

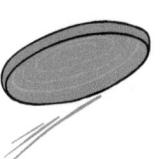

фрызбі

飛盤

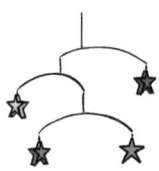

дзіцячы мабіль

床鈴玩具

настольная гульня

棋盤遊戲

кубік

骰子

дзіцячая чыгунка

火車模型

пустышка

安撫奶嘴

дзіцячае свята

派對

кніга з малюнкамі

繪本

мячык

球

лялька

洋娃娃

гуляцца

玩

дзіцячы пакой - 兒童房

пясочніца

沙坑

арэлі

鞦韆

цацкі

玩具

гульнявая відэа прыстаўка

電玩遊戲

трохколавы ровар

三輪車

плюшавы мішка

泰迪熊

шафа

衣櫃

## адзенне

衣服

шкарпэткі

襪子

панчохі

長襪

калготкі

緊身褲

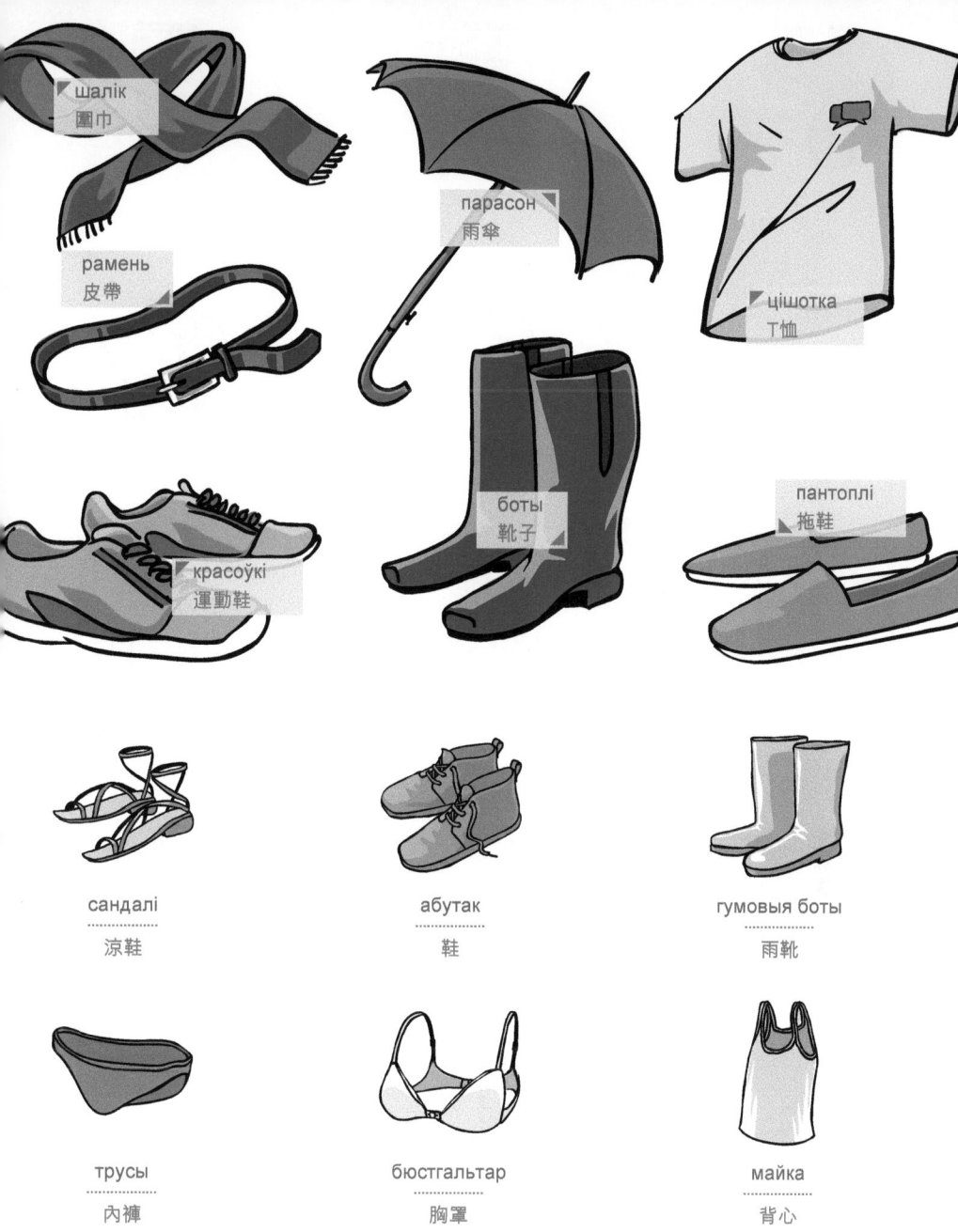

шалік
圍巾

парасон
雨傘

цішотка
T恤

рамень
皮帶

боты
靴子

пантоплі
拖鞋

красоўкі
運動鞋

сандалі
涼鞋

абутак
鞋

гумовыя боты
雨靴

трусы
內褲

бюстгальтар
胸罩

майка
背心

бодзі

身體

штаны

褲子

джынсы

牛仔褲

спадніца

短裙

блузка

女式襯衫

кашуля

襯衫

джэмпер

套頭衫

талстоўка

連帽上衣

блэйзер

西裝夾克

куртка

夾克

паліто

外套

дажджавік

雨衣

касцюм

套裝

сукенка

連衣裙

вясельная сукенка

婚紗

касцюм

西裝

начная сарочка

睡袍

піжама

睡衣

сары

莎麗

хустка

頭巾

цюрбан

包頭巾

паранджа

波卡

каптан

卡夫坦

Абая

(阿拉伯式)長袍

купальнік

泳衣

плаўкі

男式泳褲

шорты

短褲

спартыўны касцюм

運動服

фартух

圍裙

пальчаткі

手套

адзенне - 衣服　　　　47

гузік

鈕扣

акуляры

眼鏡

бранзалет

手鏈

каралі

項鍊

кальцо

戒指

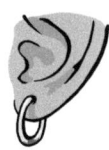

завушніца

耳環

кепка

便帽

вешалка

衣架

капялюш

帽子

гальштук

領帶

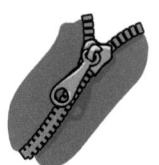

маланка

拉鍊

шлем

安全帽

падцяжкі

背帶

школьная форма

校服

уніформа

制服

нагруднік

圍兜

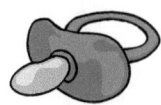

пустышка

安撫奶嘴

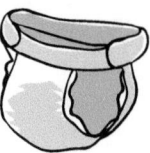

падгузнік

尿布

# офіс
## 辦公室

сервер
伺服器

канцылярская шафа
檔案櫃

прынтэр
印表機

манітор
螢幕

папера
紙

пісьмовы стол
辦公桌

мыш
滑鼠

тэчка
資料夾

клавіятура
鍵盤

смеццевы кошык
廢紙簍

кампутар
電腦

крэсла
椅子

убак для кавы (філіжанка)

咖啡杯

калькулятар

計算機

інтэрнэт

網際網路

офіс - 辦公室

49

ноўтбук

筆記型電腦

ліст

信件

паведамленне

簡訊

мабільны тэлефон

行動電話

сетка

網路

ксеракс

影印機

праграмнае забеспячэнне

軟體

тэлефон

電話

разетка

插座

факс

傳真機

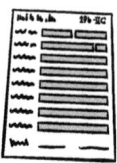

фармуляр

表格

дакумент

檔案

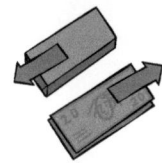

купляць

買

плаціць

付錢

гандляваць

交易

грошы

現金

долар

美元

еўра

歐元

ена

日元

рубель

盧布

франк

瑞士法郎

кітайскі юань

人民幣

рупія

盧比

банкамат

提款處

абменны пункт

外幣兌換處

золата

金

срэбра

銀

нафта

石油

энергія

能源

цана

價格

кантракт

合約

падатак

稅金

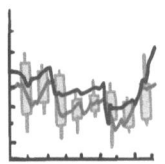

акцыя

股票

працаваць

工作

служачы

職員

працадаўца

老闆

фабрыка

工廠

крама

商店

# прафесіі
# 職業

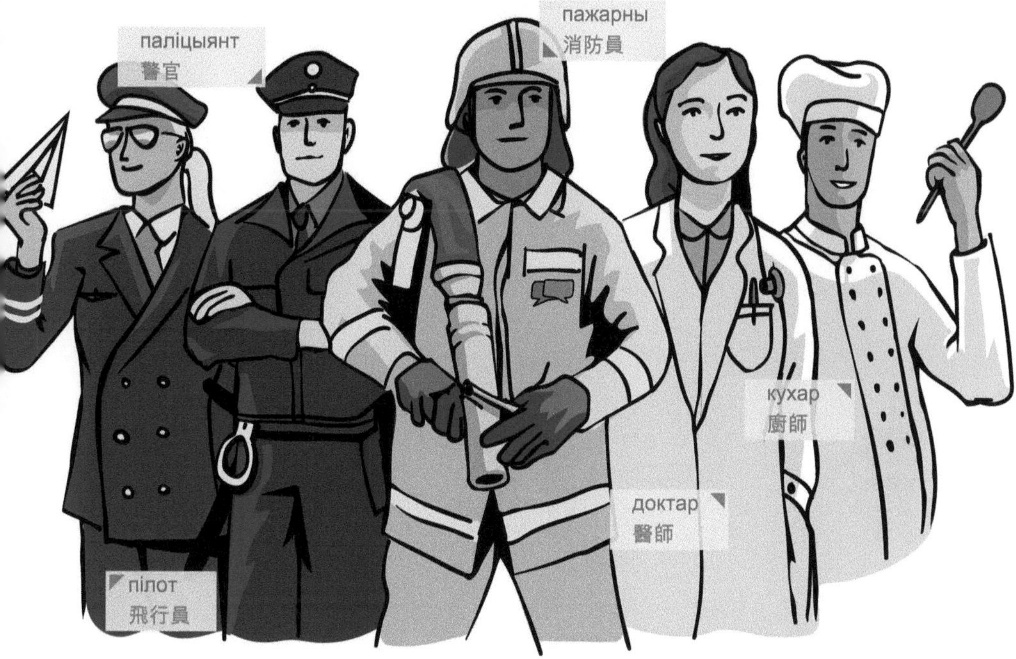
паліцыянт
警官
пажарны
消防員
кухар
廚師
доктар
醫師
пілот
飛行員

садоўнік

園丁

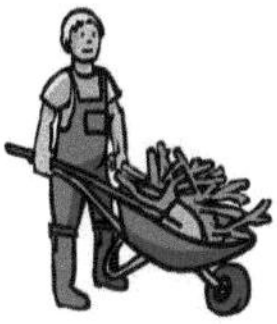

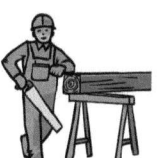

слесар

木匠

швачка

裁縫

суддзя

法官

хімік

化學家

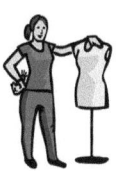

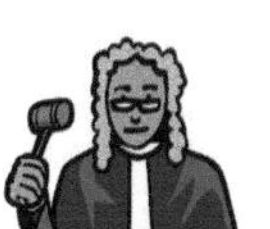

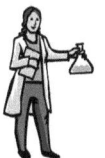

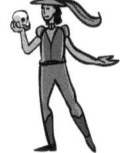

артыст

演員

кіроўца аўтобуса

公車司機

таксіст

計程車司機

рыбак

漁夫

прыбіральшчыца

清洗女工

страхар

屋頂工

афіцыянт

服務生

паляўнічы

獵人

мастак

畫家

пекар

麵包師

электрык

電工

будаўнік

建築工人

інжынер

工程師

мяснік

屠夫

сантэхнік

水管工

паштальён

郵差

салдат

士兵

архітэктар

建築師

касір

收銀員

фларыст

花農

цырульнік

理髮師

кандуктар

售票員

механік

機械技師

капітан

船長

стаматолаг

牙醫

вучоны

科學家

рабін

拉比

імам

伊瑪目

манах

和尚

святар

牧師

# інструменты

## 工具

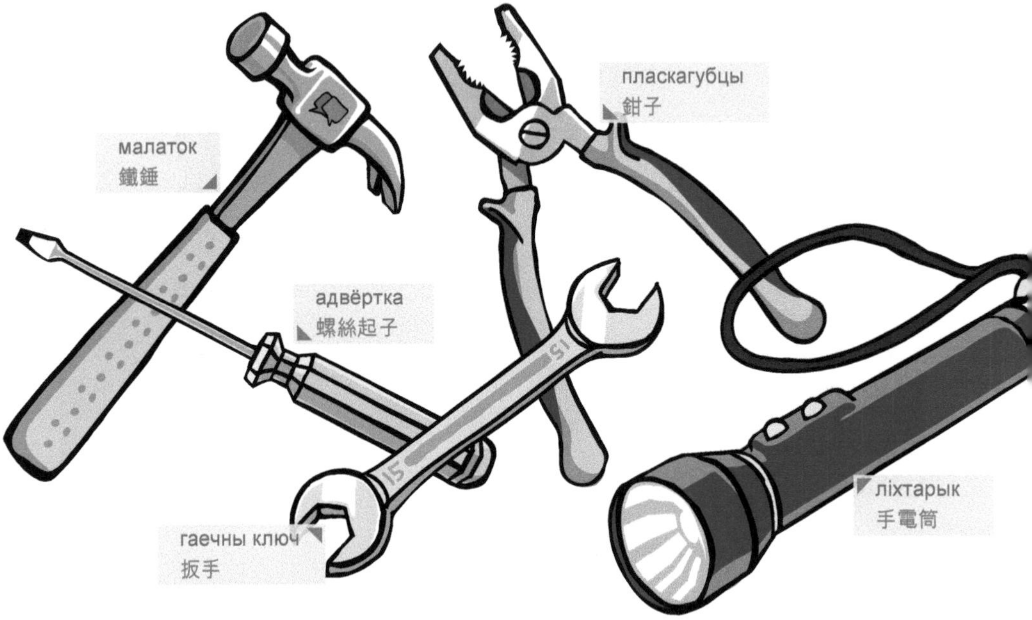

малаток
鐵錘
пласкагубцы
鉗子
адвёртка
螺絲起子
гаечны ключ
扳手
ліхтарык
手電筒


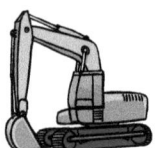

экскаватар

挖掘機

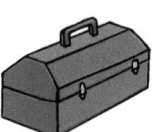

скрыня для інструментаў

工具箱

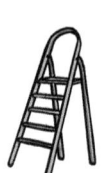

дравіны

梯子

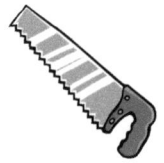

піла

鋸子

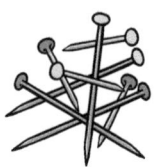

цвікі

釘子

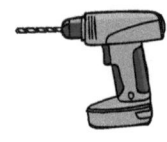

дрыль

鑽機

рамантаваць

修

рыдлеўка

鏟子

Халера!

糟糕！

шуфлік для смецця

畚箕

вядро з фарбаю

油漆桶

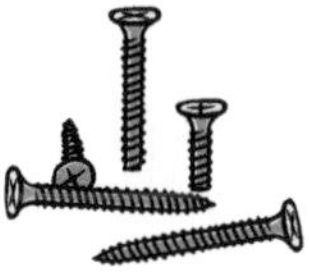

балты

螺絲

## музычныя інструменты

## 樂器

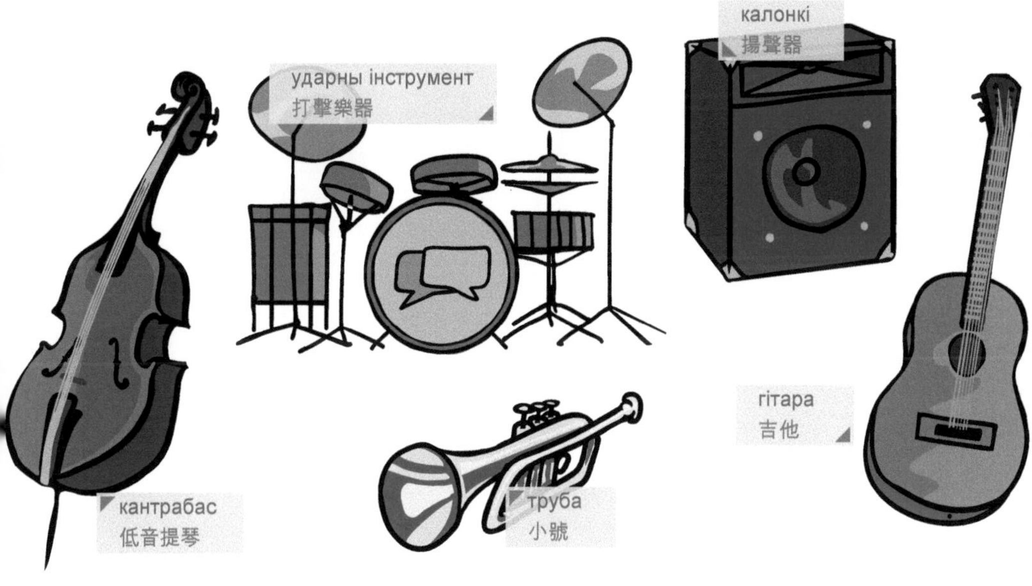

калонкі
揚聲器

ударны інструмент
打擊樂器

гітара
吉他

кантрабас
低音提琴

труба
小號

піяніна

鋼琴

скрыпка

小提琴

басгітара

貝斯

літаўры

定音鼓

барабан

鼓

клавішны электрамузычны інструмент

電子琴

саксафон

薩克斯風

флейта

長笛

мікрафон

麥克風

# заапарк
## 動物園

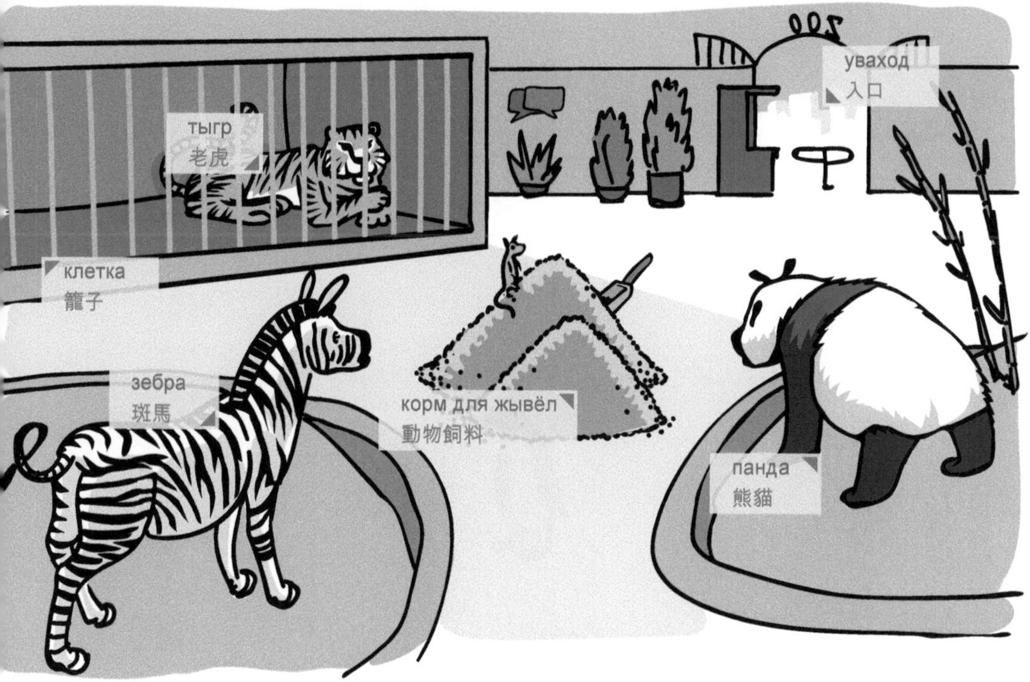

тыгр
老虎
уваход
入口
клетка
籠子
зебра
斑馬
корм для жывёл
動物飼料
панда
熊貓


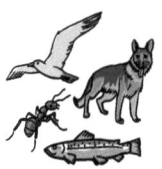

жывёлы

動物

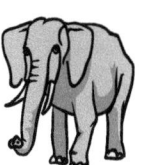

слон

大象

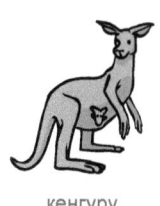

кенгуру

袋鼠

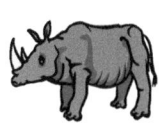

насарог

犀牛

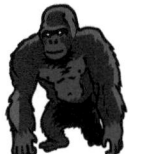

гарыла

大猩猩

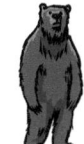

мядзведзь

熊

вярблюд

駱駝

стравус

鴕鳥

леў

獅子

малпа

猴子

фламінга

紅鶴

папугай

鸚鵡

белы мядзведзь

北極熊

пінгвін

企鵝

акула

鯊魚

паўлін

孔雀

змяя

蛇

кракадзіл

鱷魚

наглядчык заапарка

動物園管理員

цюлень

海豹

ягуар

美洲豹

поні

矮種馬

леапард

豹

бегемот

河馬

жыраф

長頸鹿

арол

老鷹

дзік

野豬

рыбак

魚

чарапаха

龜

морж

海象

ліса

狐狸

газель

羚羊

амерыканскі футбол
橄欖球

веласпорт
騎腳踏車

тэніс
網球

баскетбол
籃球

плаванне
游泳

бокс
拳擊

хакей з шайбай
冰球

футбол
美式足球

бадмінтон
羽毛球

лёгкая атлетыка
田徑

гандбол
手球

горныя лыжы
滑雪

пола
馬球

скакаць
跳

абдымаць
擁抱

смяяцца
笑

спяваць
唱

ісці
走路

маліцца
祈禱

цалаваць
親吻

марыць
做夢

пісаць
書寫

маляваць
畫

паказваць
展示

націснуць
推

даваць
給

браць
拿

маць

有

выконваць

做

быць

當

стаяць

站

бегчы

跑

цягнуць

拉

кідаць

丟

падаць

摔倒

ляжаць

躺

чакаць

等待

насіць

攜帶

сядзець

坐

апранацца

穿衣

спаць

睡覺

прачынацца

醒來

глядзець

看

плакаць

哭

лашчыць

擊

прычэсвацца

梳頭

гаварыць

交談

разумець

明白

пытаць

問

чуць

聽

піць

喝

есці

吃

прыбіраць

清理

кахаць

愛

гатаваць

做飯

ехаць

開車

лятаць

飛

плаваць пад ветразем

航行

лічыць

計算

чытаць

讀

вучыць

學習

працаваць

工作

уступаць у шлюб

結婚

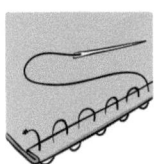

шыць

縫

чысціць зубы

刷牙

забіваць

殺

курыць

抽菸

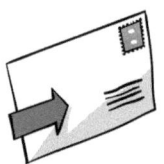

пасылаць

寄

бабуля
祖母

дзядуля
祖父

бацька
父親

маці
母親

дзіця
嬰兒

дачка
女兒

сын
兒子

госць

客人

цётка

阿姨

дзядзька

叔叔

брат

兄弟

сястра

姐妹

# цела
## 身體

лоб
前額
вока
眼睛
плячо
肩膀
палец
手指
твар
臉
падбародак
下巴
рука
手
нага
腿
грудзі
乳房
рука
手臂


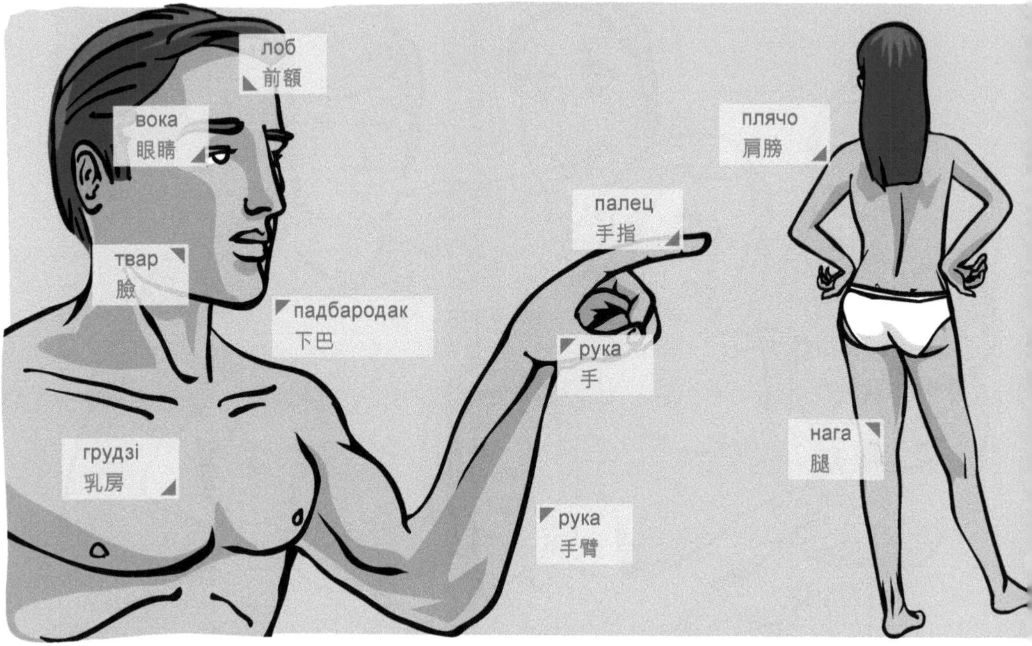

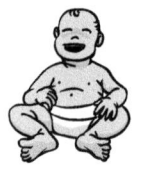

дзіця

嬰兒

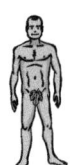

мужчына

男人

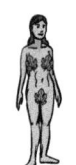

жанчына

女人

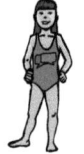

дзяўчынка

女孩

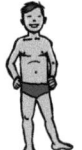

хлопчык

男孩

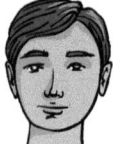

галава

頭

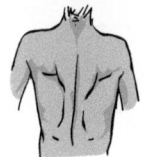

спіна

背部

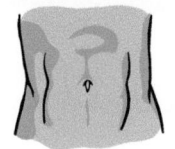

жывот

肚子

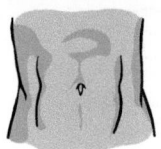

пуп

肚臍

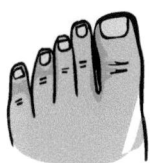

палец нагі

腳趾

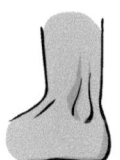

пятка

腳後跟

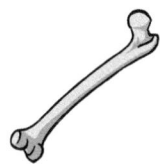

костка

骨頭

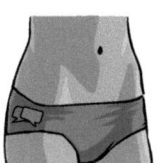

бядро

臀部

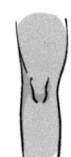

калена

膝蓋

локаць

手肘

нос

鼻子

ягадзіца

屁股

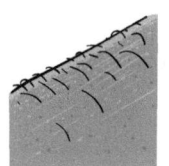

скура

皮膚

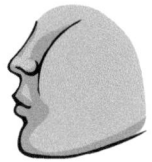

шчака

臉頰

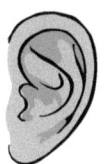

вуха

耳朵

губа

嘴唇

цела - 身體

рот

嘴

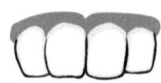

зуб

牙齒

язык

舌頭

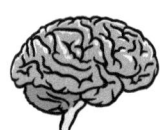

галаўны мозг

腦

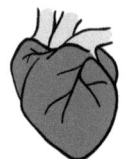

сэрца

心臟

мышца

肌肉

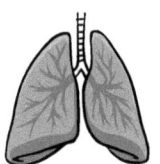

лёгкае

肺

пячонка

肝臟

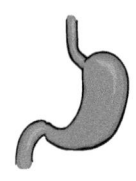

страўнік

胃

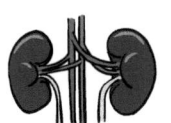

ныркі

腎臟

сэкс

性交

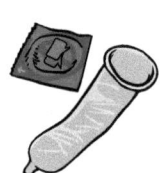

прэзерватыў

保險套

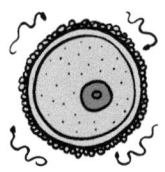

яйцаклетка

卵子

сперма

精子

цяжарнасць

懷孕

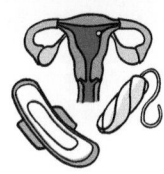

менструацыя

月事

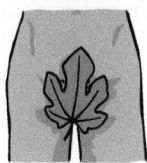

похва

陰道

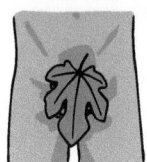

пеніс

陰莖

брыво

眉毛

валасы

頭髮

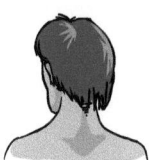

шыя

脖子

шпіталь
醫院

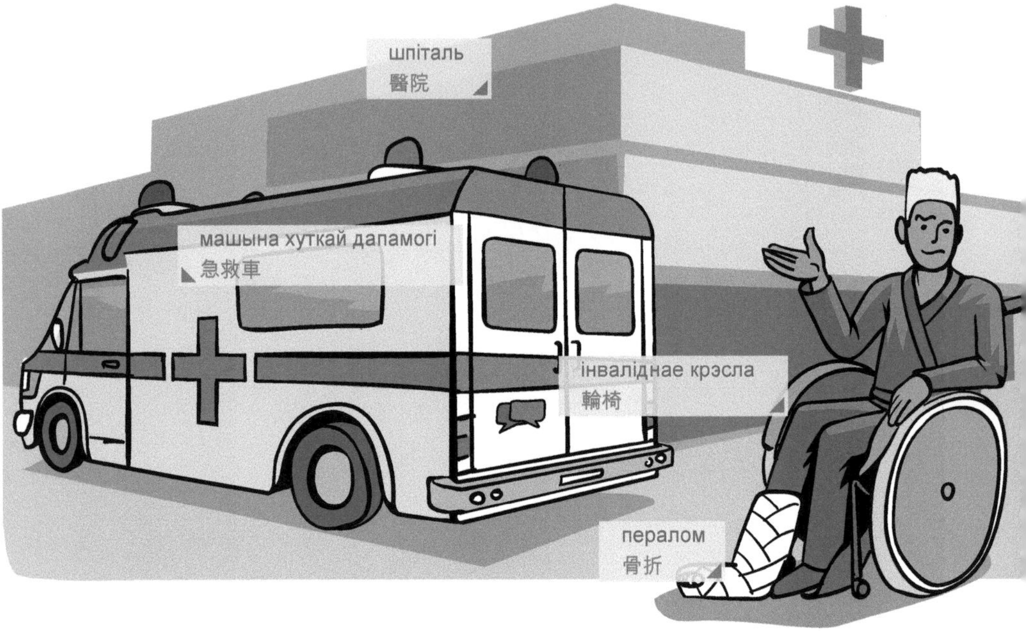

машына хуткай дапамогі
急救車

інваліднае крэсла
輪椅

пералом
骨折

доктар

醫師

аддзяленне першай
дапамогі

急診室

медсястра

護理師

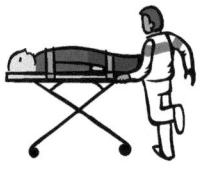

экстраная дапамога

緊急情形

непрытомны

昏迷

боль

痛

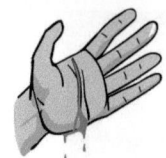

траўма

受傷

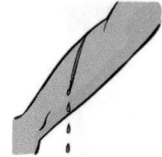

крывацёк

出血

інфаркт

心臟病發作

апаплексія

中風

алергія

過敏

кашаль

咳嗽

гарачка

發燒

грып

流感

панос

腹瀉

галаўны боль

頭痛

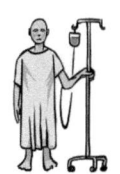

рак

癌症

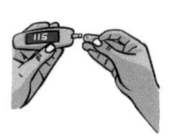

дыябет

糖尿病

хірург

外科醫師

скальпель

手術刀

аперацыя

手術

шпіталь - 醫院

КТ

電腦斷層掃描

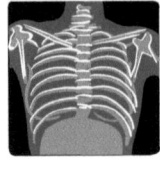

рэнтген

X光

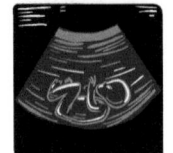

ультрагук

超音波

маска

口罩

хвароба

疾病

пачакальня

候診室

мыліца

拐杖

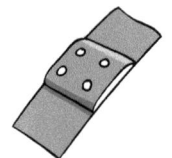

пластыр

石膏

бінт

繃帶

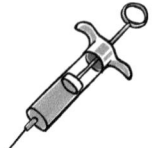

ін'екцыя

注射

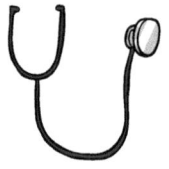

стэтаскоп

聽診器

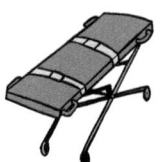

насілкі

擔架

градуснік

體溫計

нараджэнне

出生

лішняя вага

超重

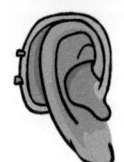

слухавы апарат

助聽器

дэзінфекцыйны сродак

消毒液

інфекцыя

感染

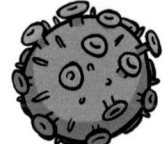

вірус

病毒

ВІЧ/СНІД

愛滋病

лекі

藥物

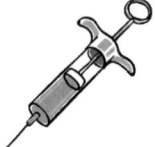

прышчэпка

接種疫苗

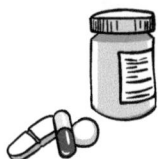

таблеткі

藥片

супрацьзачаткавая таблетка

藥丸

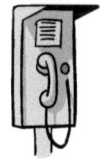

экстраны выклік

急救電話

танометр

血壓計

хворы / здаровы

生病/健康

Ратуйце!

救命！

напад

突擊

атака

攻擊

небяспека

危險

аварыйны выхад

緊急出口

Пажар!

失火了！

вогнетушыцель

滅火器

аварыя

意外

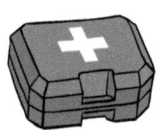

аптэчка

急救箱

СОС

呼救訊號

паліцыя

員警

Еўропа

歐洲

Паўночная Амерыка

北美洲

Паўднёвая Амерыка

南美洲

Афрыка

非洲

Азія

亞洲

Аўстралія

澳洲

Атлантычны акіян

大西洋

Ціхі акіян

太平洋

Індыйскі акіян

印度洋

Паўднёвы ледавіты акіян

南冰洋

Паўночны ледавіты акіян

北冰洋

Паўночны полюс

北極

Паўднёвы полюс

南極

Антарктыда

南極洲

Зямля

地球

краіна

陸地

мора

海

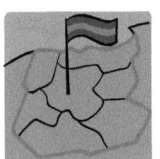

востраў

島

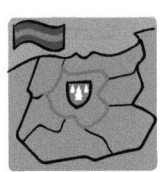

нацыя

國家

дзяржава

州

цыферблат

錶盤

гадзінная стрэлка

時針

хвілінная стрэлка

分針

секундная стрэлка

秒針

Колькі часу?

現在幾點？

дзень

天

час

時間

зараз

現在

электронны гадзіннік

電子錶

хвіліна

分

гадзіна

時

панядзелак
週一

серада
週三

пятніца
週五

**MO**

**W**

**FR**

**TU**

**TH**

**SA**

субота
週六

аўторак
週二

**SO**

чацвер
週四

нядзеля
週日

ўчора
昨天

сёння
今天

заўтра
明天

раніца
早晨

абед
中午

вечар
晚上

| MO | TU | WE | TH | FR | SA | SU |
|---|---|---|---|---|---|---|
| 1 | 2 | 3 | 4 | 5 | 6 | 7 |
| 8 | 9 | 10 | 11 | 12 | 13 | 14 |
| 15 | 16 | 17 | 18 | 19 | 20 | 21 |
| 22 | 23 | 24 | 25 | 26 | 27 | 28 |
| 29 | 30 | 31 | 1 | 2 | 3 | 4 |

| MO | TU | WE | TH | FR | SA | SU |
|---|---|---|---|---|---|---|
| 1 | 2 | 3 | 4 | 5 | 6 | 7 |
| 8 | 9 | 10 | 11 | 12 | 13 | 14 |
| 15 | 16 | 17 | 18 | 19 | 20 | 21 |
| 22 | 23 | 24 | 25 | 26 | 27 | 28 |
| 29 | 30 | 31 | 1 | 2 | 3 | 4 |

працоўныя дні
工作日

выхадныя
週末

# год

## 年

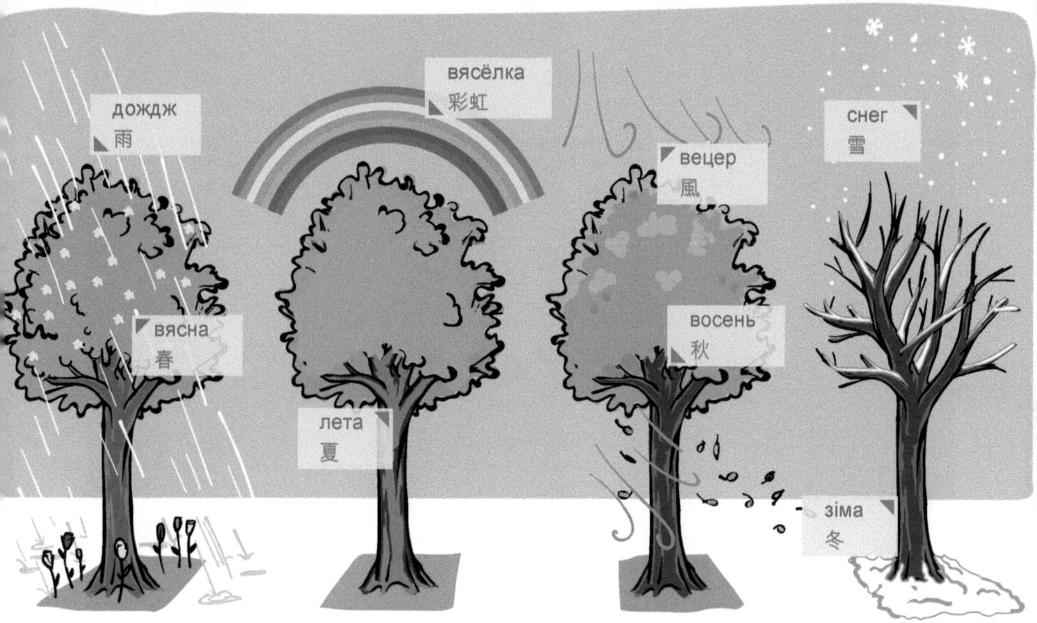

дождж
雨
вясёлка
彩虹
вецер
風
снег
雪
вясна
春
лета
夏
восень
秋
зіма
冬


4.APRIL 11°
5.APRIL 4°
6.APRIL 13°
7.APRIL 8°
8.APRIL 10°


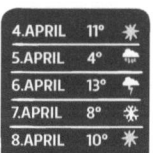

прагноз надвор'я

天氣預告

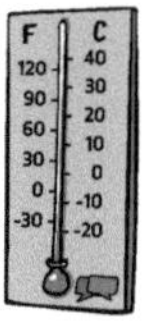

F
C
120
90
60
30
0
-30
40
30
20
10
0
-10
-20


градуснік

溫度計

сонечнае святло

陽光

воблака

雲

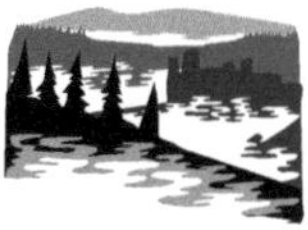

туман

霧

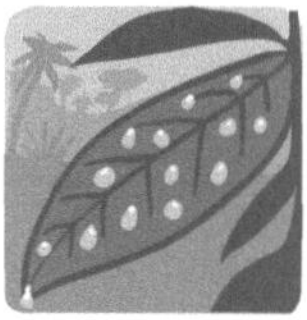

вільготнасць паветра

潮濕

маланка

閃電

гром

打雷

бура

風暴

град

冰雹

мусонны вецер

季風

прыліў

洪水

лёд

冰

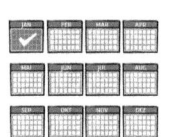

студзень

一月

люты

二月

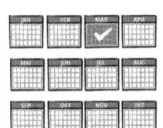

сакавік

三月

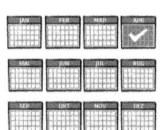

красавік

四月

май

五月

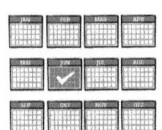

чэрвень

六月

ліпень

七月

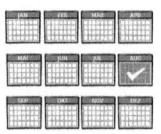

жнівень

八月

год - 年

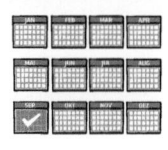

**верасень**

九月

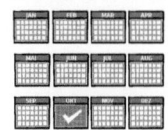

**кастрычнік**

十月

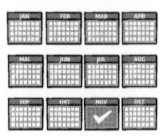

**лістапад**

十一月

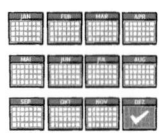

**снежань**

十二月

# формы
## 形狀

**круг**

圓形

**квадрат**

正方形

**прамавугольнік**

長方形

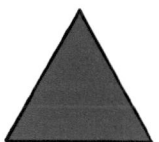

**трохвугольнік**

三角形

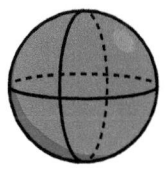

**шар**

球體

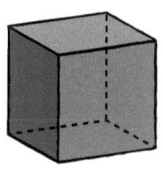

**куб**

立方體

белы

白

жоўты

黃

аранжавы

橙

ружовы

粉

чырвоны

紅

фіялетавы

紫

сіні

藍

зялёны

綠

карычневы

棕

шэры

灰

чорны

黑

шмат / мала

很多/少許

злы / добры

生氣/平靜

прыгожы / брыдкі

美/醜

пачатак / канец

首/尾

высокі / малы

大/小

светлы / цёмны

明/暗

сястра / брат

兄弟/姐妹

чысты / брудны

乾淨/骯髒

поўны / няпоўны

完整/缺失

дзень / ноч

白天/晚上

мёртвы / жывы

死/生

шырокі / вузкі

寬/窄

ядомы / неядомы

可食用/非食用

злы / добры

邪惡/善良

узбуджаны / нудны

興奮/無聊

тоўсты / тонкі

胖/瘦

першы / апошні

第一/最後

сябар / вораг

朋友/敵人

поўны / пусты

滿/空

цвёрды / мяккі

硬/軟

важкі / лёгкі

重/輕

голад / смага

餓/渴

хворы / здаровы

生病/健康

нелегальны / легальны

非法/合法

разумны / дурны

聰明/愚笨

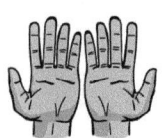

левы / правы

左/右

побач / далёка

近/遠

новы / былы ва ўжыванні

新/舊

нічога / нешта

沒有/有些

стары / малады

老/幼

укл / выкл

開/關

адчынены / зачынены

打開/闔上

ціхі / гучны

安靜/吵鬧

багаты / бедны

富/窮

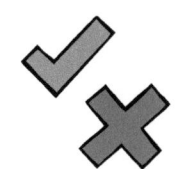

правільна / няправільна

對/錯

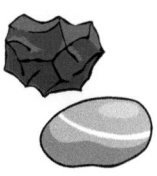

шурпаты / гладкі

粗糙/光滑

сумны / шчаслівы

傷心/高興

кароткі / доўгі

短/長

павольны / хуткі

慢/快

вільготны / сухі

濕/乾

цёплы / халаднаваты

溫暖/涼爽

вайна / мір

戰爭/和平

**0**

нуль

零

**1**

адзін

一

**2**

два

二

**3**

тры

三

**4**

чатыры

四

**5**

пяць

五

**6**

шэсць

六

**7**

сем

七

**8**

восем

八

**9**

дзевяць

九

**10**

дзесяць

十

**11**

адзінаццаць

十一

## 12
дванаццаць
十二

## 13
трынаццаць
十三

## 14
чатырнаццаць
十四

## 15
пятнаццаць
十五

## 16
шаснаццаць
十六

## 17
сямнаццаць
十七

## 18
васямнаццаць
十八

## 19
дзевятнаццаць
十九

## 20
дваццаць
二十

## 100
сто
百

## 1.000
тысяча
千

## 1.000.000
мільён
百萬

англійская
...............
英語

англійская (Амерыка)
...............
美式英語

кітайская мандарынская
...............
普通話

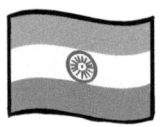

хіндзі
...............
印地語

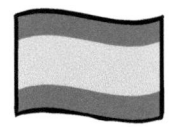

іспанская
...............
西班牙語

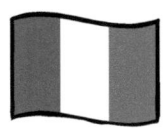

французская
...............
法語

арабская
...............
阿拉伯語

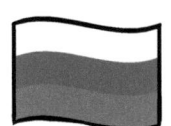

руская
...............
俄語

партугальская
...............
葡萄牙語

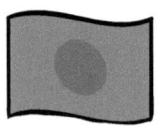

бенгальская
...............
孟加拉語

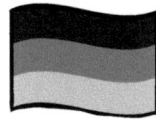

нямецкая
...............
德語

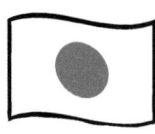

японская
...............
日語

я

我

ты

你

ён / яна / яно

他/她/它

мы

我們

вы

你們

яны

他們

хто?

誰？

што?

什麼？

як?

如何？

дзе?

何處？

калі?

何時？

імя

名字

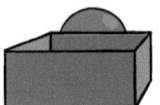

за

後面

у

裡面

перад

前面

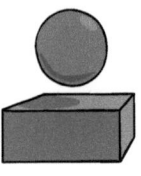

над

上方

на

上面

пад

下麵

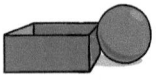

каля

旁邊

паміж

中間

месца

地點